AF586786

INSTITUT DE FRANCE.

LES
MOMIES ROYALES D'ÉGYPTE
RÉCEMMENT MISES AU JOUR

BIBLIOTHÈQUE NATIONALE
R.F.
IMPRIMÉS

ACQUISITION
N° 253318

PAR

M. MASPERO

MEMBRE DE L'ACADÉMIE

Lu dans la séance publique annuelle de l'Académie
des inscriptions et belles-lettres.

PARIS
TYPOGRAPHIE DE FIRMIN-DIDOT ET Cie
IMPRIMEURS DE L'INSTITUT DE FRANCE, RUE JACOB, 56

M DCCC LXXXVI

4° O3a 1777

4° O3a 1777

LES

MOMIES ROYALES D'ÉGYPTE

RÉCEMMENT MISES AU JOUR

PAR

M. MASPERO

MEMBRE DE L'ACADÉMIE

Lu dans la séance publique annuelle de l'Académie des inscriptions et belles-lettres.

BIBLIOTHÈQUE NATIONALE R.F. IMPRIMÉS

Messieurs,

Pendant l'été de 1871, un Arabe de Gournah, en quête d'antiquités, découvrit une tombe remplie de cercueils empilés confusément l'un sur l'autre. La plupart étaient couverts de cartouches et portaient l'uræus au front. Les fouilleurs de Thèbes savent depuis longtemps que ce sont là les marques de la dignité royale : le nôtre connaissait trop bien son métier pour ne pas deviner au premier coup d'œil que le hasard lui avait livré un plein souterrain de

Pharaons. Jamais pareille chose ne s'était vue de mémoire d'homme ; mais la trouvaille, si précieuse qu'elle fût, ne laissait pas que d'être difficile à exploiter. Les cercueils étaient nombreux et lourds : ce n'eût pas été trop d'une douzaine d'ouvriers pour les remuer. On n'avait accès aux chambres funéraires que par un puits profond : il fallait, pour les vider de leur précieux contenu, installer au-dessus de l'ouverture béante un appareil de poutres et de cordes impossible à dissimuler. On aurait dû mettre les voisins dans la confidence, partager le trésor avec eux, encore n'était-on pas certain qu'un des associés, mécontent de son lot, n'allât pas tout révéler au moudîr de la province ou au directeur des fouilles. Le découvreur se résigna à ne pas tirer un parti immédiat de l'aubaine qui lui était échue. Deux de ses frères et un de ses fils l'aidèrent à démailloter quelques momies, à enlever deux ou trois couffes de figurines funéraires, des scarabées, des canopes, des Osiris en bois peint, une demi-douzaine de papyrus, une collection d'objets aisés à emporter et à cacher. Ils descendirent trois fois en dix ans au fond de leur caverne : c'était de nuit, pour quelques heures seulement, et leurs mesures étaient si bien prises que personne autour d'eux ne soupçonna l'importance de la découverte. Chaque hiver, ils vendaient aux voyageurs quelque chose du butin qu'ils avaient rapporté de ces expéditions : ils attendaient, pour disposer du reste, qu'un savant, envoyé en mission par son gouvernement, vînt à Thèbes, ou un touriste assez riche pour acheter les rois en bloc et obtenir le laisser-passer de la douane égyptienne.

Cependant, une partie des objets dont ils avaient réussi

à se débarrasser était parvenue jusqu'en Europe. Dès 1874, quelques figurines assez grossières de travail, mais revêtues d'un charmant émail bleu, avaient fait leur apparition sur le marché de Paris. Celles que je vis alors n'avaient point de nom royal, mais un simple prénom Khopirkerî, que trois Pharaons se sont attribué successivement. Le plus ancien est Ousirtasen de la XIIe dynastie, le plus moderne Nectanèbo de la XXXe : le style des inscriptions me força à les écarter. Restait un prince obscur de la XXIe dynastie, Pinotmou : je me rejetai sur lui, faute de mieux, et d'autres indices prouvèrent bientôt que ce n'était pas sans raison. Au printemps de 1876, un officier général anglais du nom de Campbell me montrait le Rituel hiératique du grand-prêtre d'Amon Pinotmou, qu'il s'était procuré à Thèbes pour la somme de quatre cents livres sterling. En 1877, M. de Saulcy me remettait les photographies d'un long papyrus ayant appartenu à la reine Notmit et dont la fin est aujourd'hui au Louvre, le commencement en Angleterre : l'original était entre les mains d'un drogman syrien qui l'avait acquis à Louxor. M. Mariette avait déjà acheté à Suez deux papyrus de même provenance, écrits au nom d'une reine Tiouhathor Hontooui. En 1878, Rogers-bey exposait à Paris une tablette en bois sur laquelle était écrit un texte des plus curieux : le dieu Amon y rendait un décret en faveur des figurines funéraires déposées avec le corps d'une princesse Nsikhonsou. Bref, dès 1878, on pouvait affirmer que les Arabes avaient découvert un ou plusieurs hypogées appartenant au groupe encore inconnu des tombes royales de la XXIe dynastie. En rechercher l'emplacement fut, sinon le

2

principal, du moins l'un des principaux objets du voyage que j'entrepris dans la Haute Égypte aux mois de mars et d'avril 1881. J'ai dit ailleurs comment l'affaire s'engagea et avec quel succès : trois mois plus tard, vers le milieu de juillet, ce qui restait du trésor qu'avait renfermé la cachette de Deir el Baharî, était en sûreté au musée de Bou-'aq. Le succès dépassait toute espérance : où je m'étais attendu à rencontrer un ou deux roitelets obscurs, les Arabes avaient déterré des dynasties entières. Et quelles dynasties! les plus illustres peut-être qui aient régné sur l'Égypte, la XVIIIe, la XIXe, la XXe, les souverains qui la délivrèrent des Pasteurs, Soqnounrî et Ahmos Ier, les conquérants de la Syrie et de l'Éthiopie, Amenhotpou Ier et Thoutmos III, Séti Ier, Ramsès II enfin, le Sésostris des Grecs, le seul des Pharaons dont la postérité ait retenu le nom. Les grands-prêtres d'Amon à qui la loi confiait la garde des momies royales, avaient retiré les princes de la XIXe et de la XXe dynastie, Ramsès Ier, Séti Ier, Ramsès II, Ramsès III, des tombeaux somptueux qu'ils occupaient dans le Bab el Molouk. C'était pour les sauver des voleurs, et on les avait transportés d'abord dans une dépendance du tombeau d'Amenhotpou Ier, où la plupart des membres de la XVIIIe dynastie se trouvaient déjà réunis. Quand la race des grands-prêtres d'Amon s'éteignit à son tour, un fils de Sheshonq Ier, Ouapout, transféra les momies royales dans le tombeau où dormaient les dernières générations de la famille sacerdotale : prêtres et rois reposèrent côte à côte pendant près de trente siècles.

Arrivés à Boulaq, il fallait les loger convenablement. Un ministre des travaux publics, Ismaïl Pacha Eyoub, leur construisit en 1881 une salle nouvelle, grande et bien éclairée. Un second ministre, Mahmoud Pacha Fehmy, leur donna, en 1882, douze vitrines pour mettre les principaux d'entre eux à l'abri de l'air. Puis ce fut le colonel Scott Moncrieff, qui ouvrit les crédits nécessaires pour boiser en partie les murs auxquels ils étaient adossés. Ces opérations successives ne s'étaient pas accomplies sans de longs retards dont ils avaient souffert. Dès les premières semaines de leur séjour à Boulaq, le conservateur-adjoint du musée, M. Émile Brugsch, n'avait pu résister au désir de voir face à face l'un au moins des souverains dont il avait la garde, et avait démailloté, sans ordre et pendant mon absence, la momie de Thoutmos III; elle avait été déjà fouillée par les Arabes et la face en était défigurée. Vers le mois de septembre de l'an dernier, une seconde momie, celle de la reine Nofritari probablement, que sa mauvaise odeur m'avait obligé à reléguer dans les magasins du Musée, fut ouverte par M. Brugsch, sans ordre, pendant mon absence, et le corps enterré : il était tombé en putréfaction au contact de l'air. D'autres momies, celle de Soqnounrî, celle d'un prince anonyme enfermé dans une gaîne blanche, commençaient à exhaler des senteurs étranges et menaçaient de se décomposer. Ces accidents divers et l'impossibilité où je me trouvais de les prévenir me décidèrent enfin à faire moi-même avec soin et à loisir ce qu'un employé secondaire avait fait rapidement et sans précautions suffisantes. Le Khédive désirait depuis longtemps savoir si c'était bien Ramsès II lui-même que nous avions dans le cercueil qui portait le nom du conquérant Ramsès II fut le premier des Pharaons qu'on dépouilla de ses bandelettes, en présence de son lointain successeur. Ce fut ensuite le tour de Séti Ier et de Soqnounrî, puis celui d'Ahmos Ier et des grands-prêtres d'Amon; un mois entier suffit à déshabiller tous ces Pharaons, à les mesurer, à les décrire, à leur arranger une dernière toilette qui les rendît propres à figurer décemment dans le Musée.

Ils se partagent naturellement en deux groupes distingués l'un de l'autre par l'apparence extérieure, par la façon dont les linges sont placés autour du corps, par la pose et l'aspect de la momie. D'un côté sont rangés les Pharaons de la XVIIe, de la XVIIIe et de la XIXe dynastie, depuis Soqnounrî jusqu'à Ramsès II; de l'autre, ceux de la XXe et les grands-prêtres d'Amon depuis Ramsès III jusqu'à Pinotmou III. Les cercueils du premier groupe sont d'ordinaire assez simples. Le plus vieux, celui de Soqnounrî, est trapu, lourd, recouvert d'une couche de stuc blanc jadis doré; la tête et la coiffure sont peintes en jaune. Ceux d'Amenhotpou Ier et de son petit-fils Thoutmos II sont à fond blanc, sauf la tête qui est enduite de jaune clair. Ils ont la figure souriante, presque joyeuse : le mort voudrait bien nous laisser croire qu'il est content de son état. La reine Nofritari et sa fille Ahhotpou étaient enfermées dans des espèces de statues gigantesques, hautes de plus de trois mètres. Séti Ier avait des yeux d'émail incrustés, et une caisse en forme de momie, barbouillée de blanc; Ramsès II, une caisse de bois nu, sans peinture. Dès qu'on passe au deuxième groupe, le décor extérieur change complètement. Les momies ont double et triple cercueil, et chaque cercueil est décoré avec un soin minutieux. Ils sont glacés presque tous de ce vernis jaunâtre dont l'usage devint général vers la fin de la XIXe dynastie. La face et les mains sont ou dorées ou recouvertes d'une feuille de cuivre doré : la tête est ciselée avec amour et reproduit le portrait du personnage. Les couvercles et les cuves sont chargés de scènes et de légendes dessinées et enluminées avec soin. La reine Notmit, mère du Pharaon Hrihor, se distingue entre toutes par la splendeur de son appareil funèbre. Une feuille d'or recouvre chacun de ses deux cercueils, à l'exception de la coiffure et de quelques détails; les hiéroglyphes et les figures de l'ornementation sont formés de menus fragments de pierres précieuses et d'émaux enchâssés dans l'or. La simplicité des grands morts ne s'explique pas bien du premier coup, surtout si on la rapproche du luxe que ces roitelets obscurs ont déployé pour décorer leur piètre personne. Il faut se rendre à Thèbes même, au lieu de leur sépulture, pour en comprendre la raison. Séti Ier, Ramsès II, Ramsès III, employèrent ce qu'ils avaient de ressources et d'énergie à se creuser un hypogée enfoui profondément dans la montagne. Les parois en étaient sculptées ou peintes, le sarcophage était taillé dans un bloc immense de granit ou d'albâtre ouvragé finement; peu importait que le cercueil en bois où dormait la momie fût peu ou point décoré. Les grands-prêtres d'Amon et ceux de leur famille n'avaient point, comme les conquérants qui les avaient précédés, la faculté de puiser indéfiniment dans les trésors de l'Égypte et des pays voisins. Leur pouvoir ne s'étendait que sur une partie de la vallée du Nil, leurs sujets étaient pauvres, leur budget médiocre ne leur permettait pas d'entreprendre de longs travaux : ils renoncèrent à se préparer des tombes monumentales et dépensèrent ce qui leur restait d'argent à se fabriquer de belles caisses en sycomore. Le luxe de leurs cercueils n'est, en résumé, qu'une preuve de plus à joindre aux preuves déjà nombreuses que nous avons de leur faiblesse et de leur pauvreté.

Les momies du premier groupe ne sont pas très étroitement emmaillotées. Les jambes, les bras, les mains sont enveloppés d'une étoffe fine, souple, moelleuse et chaude au toucher, aussi légère et aussi transparente que la mousseline de l'Inde. Des morceaux de natron à demi pulvérisé sont roulés dans des chiffons de toile grossière et disposés irrégulièrement le long du corps. D'autres paquets placés dans l'intervalle des cuisses ou des jambes, entre les bras et les hanches, autour du cou, renferment le cœur ou la rate, une substance granuleuse, où j'ai cru reconnaître des restes de cervelle desséchée, des cheveux tressés ou coupés en mèches libres, des rognures de barbe et de poils. On sait quel rôle les cheveux humains jouaient dans la magie : il suffisait de les brûler avec des cérémonies et des incantations déterminées pour acquérir une puissance presque illimitée sur la personne à laquelle ils avaient appartenu. Les embaumeurs ensevelissaient avec les morts les portions de chevelure et de poils qu'ils avaient dû leur enlever pendant les manipulations, et c'était le moyen le plus sûr de soustraire ces débris aux magiciens de mauvaise volonté. Le suaire le plus rapproché de la momie était quelquefois un véritable amulette surchargé de prières à l'usage de l'autre monde. Le roi Thoutmos III avait de la sorte un exemplaire presque complet du *Livre des Morts* que son fils Amenhotpou II avait fait écrire à son intention. La princesse Mashonttimihou en possédait aussi une copie exécutée spécialement pour elle; mais la princesse Miritamon, moins favorisée, n'en avait qu'une de seconde main qu'on avait dérobée au prince Montouhotpou. Quelques tours de bandelettes, puis venaient une seconde pièce d'étoffe et des bandelettes nouvelles, puis on arrivait au linceul extérieur, que dissimulait parfois une bande de toile rouge tendue proprement sur le tout. La plupart des momies portent peu de bijoux : ceux qu'on leur avait donnés étaient pour la plupart déposés à côté d'elles dans le cercueil et ont été volés par les Égyptiens, peut-être par les embaumeurs eux-mêmes. Elles n'avaient probablement qu'un scarabée, un ou deux pectoraux en or ou en bois doré, une paire de boucles d'oreille, un ou deux bracelets et quelques amulettes en pâte de verre ou en or, noyés dans l'épaisseur des bandelettes. Si mince que fût la valeur de ces objets, ils excitaient la convoitise des détrousseurs de tombeaux. Ramsès II, Séti Ier, Thoutmos III ne les ont plus depuis longtemps : les gens qui les ont dépouillés respectaient si peu la majesté royale, qu'ils ont arraché le lobe de l'oreille avec la boucle, ou détaché à coups de hache ou de couteau les bracelets qui adhéraient trop étroitement à la peau. Encore ne faut-il pas trop plaindre les Pharaons qui n'ont perdu rien de plus. D'autres ont été brisés et les fragments laissés sur la place ; d'autres ont été emportés dans quelque endroit reculé où on les a dépouillés à loisir. Les surveillants de la nécropole, lorsqu'ils découvraient le sacrilège, se gardaient bien de l'aller révéler; même s'ils n'étaient pas complices, ils répondaient sur leur vie de l'intégrité des corps qui leur étaient confiés. Ils s'efforçaient donc de faire disparaître au plus vite les traces du dégât et le réparaient de leur mieux. La momie de Thoutmos III avait été cassée en trois morceaux : ils les ont raccordés bout à bout entre deux petites rames de bois peintes en blanc, comme entre deux éclisses, pour les empêcher de ballotter dans leur nouveau maillot. La princesse Sitamon, une enfant de trois ou quatre ans, fille d'Ahmos Ier, avait été littéralement réduite en poussière : le crâne seul restait intact. Les gardiens de la nécropole prirent le parti de lui fabriquer une apparence de corps avec le crâne qui subsistait, des côtes de feuilles de palmier, quelques débris d'ossements et des chiffons. La momie ainsi reconstruite était trop longue pour sa largeur; mais les inspecteurs royaux avaient mille raisons de ne pas la regarder de trop près, et, pourvu que les dehors fussent en bon état, ils s'inquiétaient peu de ce qu'il y avait au dedans. La reine Mashonttimihou avait disparu complètement. Un morceau de bois, emprunté aux débris d'un cercueil à vernis jaune de la XXe dynastie, lui tint lieu de corps ; un paquet de chiffons simula la tête, un paquet de chiffons les pieds. Le tout était si hardiment combiné que l'on n'aurait jamais soupçonné la fraude, si je ne m'étais avisé d'examiner la princesse.

Partout où l'homme s'est abstenu de détruire, les corps sont si bien conservés qu'on peut se figurer sans peine l'aspect qu'ils présentaient pendant la vie. Les Pharaons du premier groupe appartenaient à deux familles différentes. La plus ancienne descend directement d'un des derniers princes de la XVIIe dynastie, Soqnounrî Tiouâqen III, et comprend cinq générations au moins. Le type qui se dégage de l'ensemble se rapproche sensiblement du beau type nubien de nos jours. Hommes et femmes sont grands, élancés, fortement bâtis. Ils ont le buste ample, large, vigoureux, les jambes nerveuses et sèches, les pieds effilés et bien cambrés, les mains fines, les bras longs, les muscles de l'épaule et du cou développés à l'extrême. La tête est plutôt petite par rapport au corps, allongée d'avant en arrière, étroite à la hauteur des tempes, lourde dans la partie du bas. Le nez est long, mince, droit le plus souvent, les yeux sont petits et rapprochés l'un de l'autre, la bouche est large et bien garnie, la chevelure drue, épaisse, bouclée chez les hommes, ondulée chez celles des femmes qui ne la portent pas tressée en petites nattes serrées comme les nubiennes d'aujourd'hui. Thoutmos III a la face écrasée entièrement, et ses traits nous apparaissent brouillés, comme à travers un voile. Les autres ont eu le nez aplati par la pression des bandelettes; mais cet accident ne nuit pas trop à l'expression de leur physionomie. Ahmos Ier a de la dureté et de la hauteur, Thoutmos II un air de faiblesse et d'astuce, les reines une sorte de laideur résignée. L'étude minutieuse des corps a permis souvent de déterminer à peu près l'âge de chaque individu. Thoutmos II avait de vingt-six à trente ans au moment de la mort : on le voit à l'état de ses dents, et ce résultat de l'examen médical est d'accord avec ce que les monuments nous avaient appris sur la longueur de son règne et de sa vie. Soqnounrî avait une quarantaine d'années; la princesse Ahmos Sitkamos trente ans au plus. Thoutmos II est encore marqué aux stigmates d'une maladie de peau ; une de ses aïeules, la reine Ansikap, paraît avoir été atteinte d'éléphantiasis. Elle était obèse, comme beaucoup de femmes égyptiennes ; mais elle avait dû languir longtemps avant de mourir, car la graisse avait disparu, la peau flottait et a formé en plusieurs endroits des amas de plis imbriqués l'un sur l'autre. Miritamon, fille d'Ahmos Ier, ne succomba qu'après une agonie longue et douloureuse. L'usage n'avait pas encore prévalu de disposer toujours les cadavres dans une attitude de repos : on momifiait les gens comme la mort les prenait. Miritamon a la tête penchée sur l'épaule droite d'un mouvement convulsif, la mâchoire pendante, la bouche béante et tirée vers la droite ; on dirait que l'âme s'en est allée dans un grand cri. La poitrine est soulevée violemment, les épaules sont contractées, les bras se jettent en avant d'un geste raide, les mains se tordent, la jambe droite s'enlace autour de la gauche, les pieds sont crispés ; le corps entier est comme agité des dernières convulsions de l'agonie. Le roi Soqnounrî fut tué dans une bataille contre les Hyksos, la face à l'ennemi. Il s'était rasé la barbe le matin même, et s'était, selon l'expression égyptienne, *paré pour le combat comme le dieu Montou*. Son courage l'entraîna trop avant dans la mêlée : il fut entouré et abattu avant que les siens eussent le temps de le dégager. Un coup de hache lui enleva une partie de la joue gauche, lui découvrit les dents, lui fendit la mâchoire, le renversa à terre étourdi ; un second coup pénétra profondément dans le crâne, une dague ou une lance courte lui creva le front vers la droite, un peu au-dessus de l'œil. Les Égyptiens reconquirent le corps et l'embaumèrent à la hâte, à demi décomposé, avant de l'envoyer à Thèbes au tombeau de la famille. Les traits respirent la rage et la fureur de la lutte; une grande plaque blanchâtre de cervelle épandue l'aveugle, le front est plissé, les lèvres rétractées en cercle laissent apercevoir la mâchoire et la langue mordue entre les dents. Une autre momie du même groupe est plus effrayante encore. Elle était enfermée dans une caisse blanche, sans inscription, et n'avait rien sur elle qui permît de constater son identité. Une peau de mouton blanche l'enveloppait, puis un épais lacis de bandelettes, puis une couche de natron blanchâtre, chargé de graisse humaine, onctueux au toucher, fétide, légèrement caustique; un second maillot, un second lit de natron et le cadavre. Il n'avait pas été ouvert, et les viscères qu'on avait coutume d'extraire de la poitrine et du ventre sont encore en leur place. Les matières préservatrices n'avaient pas été injectées, on les avait répandues autour du corps avec une habileté qui trahit une longue expérience de ce genre de travail. On avait voulu éviter les longueurs ordinaires, les soixante-dix jours de l'embaumement réglementaire, et l'aspect du personnage suffit à montrer pourquoi on avait eu recours à ce procédé expéditif. Il avait été empoisonné : la contraction du ventre et de l'estomac, le mouvement désespéré par lequel la tête se rejette en arrière, l'expression d'angoisse et de douleur atroce qui est répandue sur la face, sont autant d'indices certains. Les bras et les jambes avaient été tordues par la souffrance : on les ramena et on les maintint par de fortes ligatures, et on s'en remit aux embaumeurs du soin de faire disparaître toute trace du crime. S'agit-il d'une simple intrigue de harem? L'homme avait vingt-trois ou vingt-quatre ans et sa jeunesse autorise pareille supposition. Est-ce plutôt un prétendant au trône qu'on aura supprimé discrètement ? Le fils aîné d'Amenhotpou Ier mourut avant d'avoir régné; peut-être est-ce lui que nous avons retrouvé dans le cercueil sans nom. Nous savons que les conjurations étaient fréquentes en Égypte : Ramsès III fit juger et exécuter un certain Pentoïrit, qui semble avoir été un de ses frères et qui avait comploté de le détrôner. La forme du cercueil et la main-d'œuvre de l'emmaillotement m'empêchent de reconnaître dans notre personnage un prince de la XXe dynastie. C'est à la XVIIIe qu'il appartenait et les monuments nous révéleront peut-être un jour le secret de sa vie. On ne l'ignorait pas sans doute à Thèbes, près de mille ans après l'événement, sous le règne des grands-prêtres d'Amon. Les inspecteurs de la nécropole continuaient à lui rendre les honneurs princiers et à se taire sur son nom et sur la cause de sa mort : aucun d'eux n'a osé tracer sur le cercueil ou sur le maillot le moindre de ces procès-verbaux qu'il écrivait si volontiers sur les autres morts.

Séti Ier et Ramsès II sont d'un type assez différent. Ils se rattachaient par les femmes à l'ancienne lignée ; mais ce qu'ils avaient en eux de sang royal ne leur avait donné aucun des traits qui distinguent les Thoutmos et les Amenhoptou. Ils se ressemblent beaucoup l'un l'autre, plus peut-être que se ressemblent d'ordinaire le père et le fils ; mais Séti a l'expression plus douce et plus intelligente, Ramsès II a plus de vigueur et de fierté. Tous deux sont dans un état de conservation telle qu'on les jurerait morts depuis quelques jours à peine, et pourtant trois mille ans et plus se sont écoulés depuis qu'ils régnèrent sur l'Égypte. Ramsès III leur appartient encore par les traits du visage, mais les procédés d'emmaillotement employés pour lui ne sont déjà plus ceux dont on s'était servi pour ses illustres prédécesseurs. Il semble qu'en sortant des troubles qui l'avaient agitée pendant près d'un demi-siècle, l'Égypte ait voulu redoubler de luxe et de recherche pour tout ce qui touchait à la personne des vivants et des morts. Les momies furent habillées avec plus de soin ; les tissus furent de meilleure qualité, les bandages plus serrés, plus épais, mieux enroulés autour du corps et de manière à exclure plus complètement l'air et la lumière. Un masque de linge fin enduit de résine et de poix cache le visage ; des peaux d'oignon couvrent la bouche et les yeux ; d'espace en espace, on rencontre une enveloppe de linge poissé comme le masque de la figure. La plupart des bandelettes ont été fabriquées par les membres vivants de la famille ou par les serviteurs, dans le temple d'Amon, et portent la date de la fabrication, tracée à l'encre, parfois brodée au fil de couleur. Des serviettes et des écharpes entières méthodiquement pliées garnissent les jambes, les bras, la tête ; elles sont bordées de raies rouges et bleues et frangées aux deux extrémités. Quelquefois une sorte de natte, tressée très lâche avec de la paille fine, est roulée autour de la momie au tiers environ de l'épaisseur totale. Une toile grossière, sur laquelle est peinte une scène d'adoration, cache le maillot. Elle est

BIBLIOTHÈQUE NATIONALE R.F. IMPRIMÉS

recouverte à son tour d'une toile plus fine, généralement teinte en rouge orange, et fixée par des bandes disposées parallèlement de la tête aux pieds. Des bijoux et des amulettes complètent la toilette du mort : un diadème en or, en argent ou en cuivre doré orne le front, un pectoral et un scarabée sont attachés au cou, des anneaux pendent aux oreilles, des bracelets sont cousus dans les étoffes, à la hauteur des poignets et des chevilles. Entre les jambes, un papyrus roulé ; parfois un second papyrus s'étale sur la poitrine. Les corps sont en bon état, la face surtout est parée avec une coquetterie presque enfantine. Deux reines, Nsitanibashrou et Honttoouï, ont la figure encadrée dans les tresses d'une énorme perruque. Des yeux en émail, insérés sous les paupières, brillent à travers les cils. Les rides de la peau, la maigreur du nez, la contraction des lèvres ont disparu sous une couche épaisse de fard. Honttoouï et Nsitanibashrou n'étaient probablement pas fort belles de leur vivant, mais je doute qu'elles fussent ce que nous les voyons aujourd'hui, des modèles incomparables de laideur grotesque. Elles appartenaient à cette pauvre XXIe dynastie. La décadence avait déjà atteint l'art de la momification comme il avait tout le reste. Les embaumeurs ne savaient plus conserver aux sujets qui leur passaient par les mains cette expression de vigueur et de calme que nous voyons sur le visage de Séti Ier ou de Ramsès II, et tâchaient de réparer par des artifices puérils les dommages que leur maladresse avait causés. Ils réussissaient de la sorte à atténuer l'horreur qu'inspirent certaines momies des époques antérieures; mais ce n'était que pour tomber dans un défaut plus grand peut-être. La mort déguisée par leurs soins n'est plus hideuse ; elle est ridicule.

L'Égypte est vraiment la terre des merveilles ! Elle ne se contente pas, comme l'Assyrie et la Judée, comme la Grèce et comme l'Italie, de nous restituer les monuments dont on refait l'histoire du passé, elle nous rend les hommes même qui ont érigé les monuments et fait l'histoire. Les grands souverains, Thoutmos III, Séti Ier, Sésostris, Ramsès III ne sont plus des noms détachés de toute forme et flottants dans l'imagination sans couleurs et sans contours : on les voit, on les touche, on mesure leur taille, on jauge la capacité de leur cerveau, on sait quelle était la coupe de leur nez et de leur bouche, s'ils étaient chauves, s'ils avaient quelque infirmité secrète et, comme s'il s'agissait d'un contemporain, on publie leur portrait d'après nature, en photographie.

BIBLIOTHÈQUE NATIONALE R.F. IMPRIMÉS

Paris. — Typ. Firmin-Didot et Cie, impr. de l'Institut, rue Jacob, 56. — 20188

www.ingramcontent.com/pod-product-compliance
Lightning Source LLC
LaVergne TN
LVHW052036160826
845678LV00003B/1381